Te $\frac{34}{286}$

CONSEILS

AUX HABITANTS DES CAMPAGNES

ÉLOIGNÉS DE TOUT

SECOURS MÉDICAL,

POUR SE PRÉSERVER ET SE GUÉRIR

DU CHOLÉRA ÉPIDÉMIQUE

par le

DOCTEUR ALP. LA FONTAINE,

ancien chirurgien de la marine.

La promptitude du traitement
est la moitié de la guérison.

Se vend 25 centimes,
Au bénéfice des veuves et des orphelins de l'épidémie.

FOIX,
POMIÉS, FRÈRES, IMPRIMEURS-LIBRAIRES.
—
1854.

AU CLERGÉ DES CAMPAGNES.

MESSIEURS,

Si je ne connaissais votre dévouement et votre abnégation toutes les fois qu'un malheur public porte la désolation dans les familles, j'aurais gardé le silence.— Médecins de l'âme, j'ai compté sur vous pour être les médecins du corps, et en plaçant ce petit livre sous votre patronage, mon unique désir a été de vous en faire les interprètes auprès des populations rurales qui vous sont confiées.

Le choléra poursuit sa marche impitoyable et creuse çà et là ses sillons. En vain la science se tourmente pour conjurer le mal; chacun cherche un spécifique, et l'expérience du lendemain ajoute une déception nouvelle aux espérances de la veille.

Pour nous, mettons à profit les observations du passé, et laissant aux intelligences d'élite le soin de découvrir un remède certain, conseillons une médication simple et facile, à la portée de tous, et qui a déjà donné des résultats satisfaisants. Heureux si, par ce moyen, nous pouvons arracher quelques victimes au terrible fléau qui nous décime.

Votre dévoué serviteur ;

ALF. LA FONTAINE.

CONSEILS

AUX HABITANTS DES CAMPAGNES

ÉLOIGNÉS DE TOUT

SECOURS MÉDICAL,

POUR SE PRÉSERVER ET SE GUÉRIR

DU CHOLÉRA ÉPIDÉMIQUE.

———◆———

TRAITEMENT PRÉSERVATIF.

L'hygiène s'est déjà prononcée sur les précautions à prendre pour se préserver de l'épidémie, ou du moins pour en atténuer les atteintes.

Relever le moral affaissé des populations, soutenir les forts, encourager les faibles, faire espérer une guérison prochaine aux malades qui sont frappés, sont des moyens d'action tous puissants dans une épidémie. Qu'on ne l'ignore pas, *la Peur* fait venir le mal, et lorsque le mal est arrivé, elle neutralise les effets de la médication la mieux entendue.

La propreté des personnes, de leurs demeures et dépendances, comme écuries, égouts, mares d'eau etc., etc. est une première condition de salubrité.

Les fumiers et autres immondices seront enlevés pendant la nuit, et transportés à trois cents mètres au moins, loin des habitations.

L'aération des appartements se fera par les ouvertures exposées au nord.

Dans les lieux bas et humides, on projettera grossièrement sur les murs un lait de chaux, (1) ayant soin que la circulation de l'air s'y fasse librement.

Le régime alimentaire sera le même que celui auquel on est habitué; on évitera seulement tout excès, soit dans le boire, soit dans le manger.

L'usage des fruits et de l'eau pure doit être sévèrement proscrit; on coupera cette dernière avec du vin, de l'eau-de-vie, du café, une infusion de camomille, de feuilles d'oranger, ou toute autre plante amère ou aromatique.

Une décoction de quinquina jaune, prise de temps en temps le matin, est un précieux préservatif.

Les personnes que les travaux de la campagne exposent à de grandes transpirations, s'essuieront le corps avec des linges chauds et, jour entr'autre, se frictionneront le ventre et la poitrine avec un peu d'eau-de-vie camphrée.

Enfin, il sera avantageux d'établir des courants d'air dans les villages et hameaux en allumant des feux (2) de distance en distance, qu'on alimentera avec des branches de genévrier (3) ou de tout autre arbuste à odeur forte et pénétrante. Nous ne saurions trop recommander l'usage de ces mêmes feux (toute précaution prise contre l'incendie,) soit au bas de

---

(1) Un lait de chaux consiste dans une petite quantité de chaux vive que l'on délaye dans de l'eau ordinaire jusqu'à ce qu'elle ait pris l'apparence du lait.

(2) Cette opération devra se faire après le coucher du soleil.

(3) Buis ou lavande (épi de saint Jean), romarin, etc., etc.

l'escalier, soit au foyer principal des maisons où il y a eu un décès : l'expérience nous ayant démontré l'utilité de cette mesure.

Telle est la série des moyens hygiéniques auxquels chacun devra se conformer suivant ses habitudes et sa position.

TRAITEMENT CURATIF.

Le Choléra épidémique, maladie promptement mortelle quand on l'abandonne à elle-même, présente de grandes chances de guérison si des soins appropriés sont énergiquement employés à son début.

Nullement contagieux, on peut sans crainte s'approcher des malades, et les toucher pour les soins à leur donner.

Nous diviserons la marche de la maladie en trois périodes :

1° Période d'invasion ;
2° Période de réaction ;
3° Convalescence.

Chacune de ces périodes présente des symptômes ou signes particuliers que nous allons décrire, en même temps que nous indiquerons les moyens de les combattre.

PÉRIODE D'INVASION.

Deux ordres de symptômes ou signes, suivant leur intensité, caractérisent l'invasion de la maladie.

1er ORDRE.

Malaise général ;
Maux de tête ;
Fourmillements dans le corps ;

Frissons ;

Suette ;

Crampes dans les membres ;

Nausées ;

Coliques ;

Selles diarrhéiques, liquides, jaunes ou noires.

2ᵉ ORDRE.

Vomissements violents ;   } (1)
Selles involontaires ;   }

Absence du pouls ;

Décomposition du visage ;

Excavation des yeux ;

Suppression des urines ;

Langue rouge et sèche, quelquefois naturelle ;

Oppression (2) ;

Contraction violente des muscles ;

Refroidissement partiel ou général ;

Cyanose (coloration bleue de la peau) ;

Sueur froide et visqueuse.

Le premier ordre de symptômes constitue la cholérine ; le second, le choléra proprement dit ou confirmé.

Nous remarquerons que ces signes ne paraissent pas tous à la fois sur l'individu qui est atteint. Tantôt les uns, tantôt les autres prédominent ; mais tous se rat-

---

(1) Les vomissements et les selles cholériques ressemblent à des glaires auxquelles on a mêlé du riz cuit écrasé.

(2) Les malades se plaignent d'un poids sur l'estomac qui les étouffe, quelquefois d'un feu intérieur qui les dévore, tandis qu'ils sont froids.

tachent à la même cause et, quelque légers qu'ils soient en apparence, ils méritent une sérieuse attention.

Aussitôt qu'une personne se sentira indisposée, quel que soit le signe de son indisposition, on la fera coucher immédiatement, ayant soin de bien couvrir les pieds et le ventre, laissant la poitrine et la tête un peu libres.

On ne perdra pas de vue que le but principal à atteindre est de ramener la chaleur à la peau lorsqu'elle n'y est plus, ou de la maintenir si elle existe déjà ; le sang ayant une tendance à refluer vers le centre des organes.

A cet effet, on fera prendre au malade une cuillerée à bouche, de dix minutes en dix minutes, de la potion de camomille ci-après, élevée à une haute température.

Prenez :

Eau. . . . .   un demi-quart (1) ;
Camomille (fleurs de) . . . .   une pincée ;
Girofle (clous de). . . . .   deux ;
Cannelle . . . .   une petite pincée ;
Faites bouillir un moment. Passez et

Ajoutez :

Eau-de-vie. . . . .   une cuillerée à bouche.

Ou bien :

Esprit de camphre. . . . . .   trois gouttes.

Que l'on répètera une seconde et une troisième fois, à cinq minutes d'intervalle, si la première dose n'est pas suffisante.

---

(1) J'ai adopté les subdivisions vulgaires du litre pour mesurer les liquides. Ainsi, un quart, signifie un quart de litre ; demi-quart, demi-quart de litre, etc.

Cela fait, on examinera si les symptômes domi-
nants appartiennent à la cholérine ou au choléra proprement dit.

Si c'est la cholérine, si des nausées et même quelques vomissements inquiètent le malade, un morceau
de camphre de la grosseur d'un grain de blé qu'on
fera avaler dans une cuillerée d'eau froide, rendra rai-
son de ces désordres. Si ce moyen était insuffisant,
on emploierait quelques cuillerées à bouche de la potion suivante :

Prenez :

Eau froide sucrée	demi-quart ;
Laudanum.	15 gouttes ;
Ether.	15 gouttes ;

Agitez pour vous en servir et tenez bien bouché
dans un lieu frais.

En cas de diarrhée, on frictionnera le ventre trois
fois par jour avec de l'eau-de-vie camphrée, ayant
soin d'y maintenir un cataplasme de farine de lin.
En même temps on administrera matin et soir le lavement suivant :

Prenez :

Jaune d'œuf.	un.

Liez et ajoutez peu à peu :

Eau tiède.	demi-quart.

Si la diarrhée persiste, avec coliques, on substituera
le lavement suivant au précédent.

Prenez :

Ecorce de chêne.	deux grosses pincées (1).

Faites bouillir un moment dans

---

(1) On peut remplacer le chêne par l'écorce du rosier sauvage
ou églantier.

Eau. . . . . demi-quart.

Ajoutez :

Laudanum. . . . . 10 gouttes.

Enrayer ces premiers symptômes, c'est prévenir l'arrivée de ceux du second ordre, c'est arrêter le choléra.

Malheureusement, soit incurie, soit fausse confiance dans un prompt rétablissement, un grand nombre de malades négligent ces premiers soins, et c'est alors que l'on voit tomber les personnes comme foudroyées.

Lorsqu'un cas de ce genre se présente, il n'y a pas un moment à perdre. Là est le choléra confirmé.

Frictionner le malade sans relâche avec des bouchons de foin ou de paille ; l'envelopper dans une couverture de laine ; lui faire prendre la potion de camomille ou l'esprit de camphre ; poser aux aisselles, aux cuisses et aux pieds, des briques chaudes, des bouteilles d'eau presque bouillante et des sinapismes, doit être l'affaire d'un instant.

Les vomissements seront favorisés avec de l'eau tiède. S'ils ne peuvent avoir lieu facilement, on aura recours à l'ipéca ; surtout, si l'oppression est grande, la tête libre et le malade fort.

Divisez un paquet d'ipéca (1) en trois doses et faites prendre chaque dose, de quart d'heure en quart

---

(1) Ipécacuanha. Médicament héroïque à la dose d'un gramme 25 centigrammes en poudre, ou à doses fractionnées associé à l'opium. — Voyez, du reste, à la fin de l'ouvrage, les doses et les préparations pharmaceutiques, qui ne sont pas indiquées dans la description du traitement.

d'heure, dans un verre d'eau tiède. Continuez l'eau tiède dans les intervalles ayant soin d'en faire prendre une grande quantité.

Si l'action du médicament tardait à se prononcer, on balancerait doucement le malade en le soulevant par les épaules, ou bien on provoquerait le vomissement en titillant le gosier avec le doigt ou une barbe de plume.

Une petite tasse de café léger, de thé ou de tilleul calmera les secousses éprouvées par l'estomac.

Dans les cas désespérés on appliquera un large sinapisme sur le ventre et on flagellera les jambes et les bras avec des orties.

L'emploi de ces moyens énergiques a quelquefois réussi au moment où la sensibilité paraissait éteinte et la circulation du sang nulle, ne sauverait-on, dans ces circonstances, qu'un malade sur mille, on doit toujours tenter ces derniers efforts.

PÉRIODE DE RÉACTION.

La suette (1), une douce chaleur à la peau, le retour des urines, en un mot la diminution sensible des symptômes énoncés à la période d'invasion, constituent les signes salutaires de la réaction, soit qu'ils se manifestent naturellement, soit qu'ils arrivent à la suite du traitement employé. Ce nouvel état fait préjuger

---

(1) Nous pensons que les suettes spontanées qui se déclarent dans le cours de la maladie, sont un bienfait de la nature, sage et prévoyante, qui nous trace elle-même la voie que nous devons suivre.

une convalescence prochaine et ne demande, le plus souvent, que l'usage de boissons délayantes, comme l'eau d'orge, de riz ou de chiendent.

Néanmoins nous ferons une observation. Il arrive parfois que les urines ne paraissent pas et sont un sujet de plainte pour le malade. Une ou deux fumigations émollientes au fondement ; quelques frictions avec de l'huile tiède sur le bas ventre ou un cataplasme d'ognons cuits, appliqué sur la même partie, seront les auxiliaires les plus convenables de l'amélioration que l'on désire.

Tant que la réaction ne dépasse pas les limites que nous venons de tracer, on peut être tranquille sur le sort des malades ; mais les choses ne se passent pas toujours ainsi, et dans certains cas, rares il est vrai, on voit survenir un mode de réaction ainsi caractérisé.

Une chaleur acre, brûlante, succède au refroidissement ; le pouls bat avec force, le visage est rouge et tuméfié, des convulsions agitent le malade qui ne trouve pas de position dans son lit ; il crie, il chante, il repousse les personnes qui le soignent, jusqu'à ce que épuisé de fatigue, il tombe dans une prostration absolue. Cet état, très grave, se modifie chez quelques individus et ne présente alors que les symptômes suivants : pouls petit et serré, langue rouge et sèche, dents noires, somnolence, léger délire, anéantissement.

Quelle que soit la cause qui ait produit ces phénomènes, ils rentrent tous dans le domaine des affections cérébrales et réclament leur traitement.

Les malades seront maintenus en repos dût-on les attacher avec un drap passé à travers le corps. En

même temps on placera des sinapismes aux jambes
et aux avant-bras, des vésicatoires aux cuisses et
on dégagera la tête de ses enveloppes ou des liens qui
pourraient y gêner la circulation du sang. Des mor-
ceaux de linges trempés dans de l'eau vinaigrée très
froide seront mis en permanence sur le front et renou-
velés toutes les huit ou dix minutes. Un grand vési-
catoire saupoudré de camphre et appliqué au creux
de l'estomac complètera les soins qu'exige cet état ;
— Pendant toute sa durée, les boissons consisteront
en quelques cuillerées, tantôt d'eau fraîche, tantôt
de décoction de quinquina froide qu'on donnera de
temps en temps.

Si la réaction cérébrale est violente on emploiera
le lavement ci-après, qu'on pourra répéter une seconde fois.

Prenez :

Eau tiède................ demi-quart ;
Sulfate de soude........... un paquet (1) ;
Sel de cuisine pilé......... six pincées.
Faites dissoudre et administrez.

CONVALESCENCE.

La disparition complète des accidents que nous
avons décrits, le bien-être qu'éprouvent les malades
et le calme qui reparaît sur leur visage et dans leur
regard, signalent cette période. Chez les uns, la
convalescence marche toute seule et n'a besoin que de
quelques ménagements ; chez les autres, elle réclame
encore les secours de l'art.

(1) Trente grammes.

Il y a certaines personnes chez lesquelles l'appétit tarde à se faire sentir. En examinant leur langue, on la trouvera épaisse et recouverte d'un enduit jaune tirant sur le vert, l'haleine est fétide et la bouche amère. Les évacuants trouvent ici naturellement leur place.

Prenez :

Sulfate de soude......... un paquet ,

faites dissoudre dans

Bouillon d'herbes chaud (1) un quart

A prendre en une fois le matin à jeun ;

Ou bien :

Huile de ricin..... deux bonnes cuillerées;

Mélangez avec :

Bouillon d'herbes . . un quart.

Les malades faibles qui redouteraient l'emploi d'un purgatif se contenteront de prendre un ou deux lavements ci-après :

Prenez :

Sulfate de soude............ un paquet ;

Eau................... un quart ;

Faites dissoudre et administrez.

Un peu de bouillon de veau après les évacuations satisfera l'estomac fatigué.

L'alimentation devra suivre une marche progressive ; eau de poulet , bouillon de veau , fécules de pommes de terre ou de riz , bouillies d'avoine , riz au gras ou à l'eau, poisson, volaille , bœuf, etc., etc.

---

(1) Ce bouillon se fait avec des feuilles de chicorée , épinards , laitues , etc. etc.

La même gradation aura lieu pour les boissons ; eau d'orge ou de riz , eau rougie avec un peu de vin, petit lait , café , vin , etc.

En général les convalescences sont longues et demandent une grande prudence dans le régime et dans les habitudes. Malheur aux convalescents qui veulent trop hâter leur rétablissement. Une indigestion , un courant d'air , les expose quelquefois à une rechûte et les rechûtes sont toujours funestes. On ne saurait jamais trop s'observer pour les éviter.

En continuant les précautions indiquées plus haut , les fonctions se rétabliront peu à peu et les malades sentiront leurs forces revenir. S'il restait encore quelque faiblesse dans les membres, on y remédierait par des frictions avec l'eau-de-vie camphrée et un exercice modéré.

REGLES GÉNÉRALES A SUIVRE DANS LE COURS DE LA MALADIE.

La diète doit être observée depuis le moment de l'invasion, jusqu'à la convalescence. Quelques cuillerées de bouillon ne seront permises qu'aux personnes nerveuses qui disent dans leur langage rustique *qu'elles ont l'estomac simple.*

Les tisanes ne doivent pas être trop sucrées. Le sucre peut-être remplacé chez les indigents , par la racine de réglisse.

Quand on couvre un malade pour le faire suer on ne doit pas l'étouffer.

Lorsqu'un malade a sué pendant vingt-quatre ou trente-six heures , il faut diminuer petit à petit ses couvertures et abaisser en même temps la température de ses tisanes jusqu'à ce qu'il boive froid.

Les lavements ne peuvent s'administrer que tout autant que le malade n'est plus en transpiration. Ceux d'eau de lin ou de son, dits émollients, doivent s'employer durant toute la maladie.

L'abus des alcooliques, du camphre et des préparations camphrées à l'intérieur, peut déterminer des réactions cérébrales très dangereuses.

PRÉPARATIONS PHARMACEUTIQUES SIMPLES.

Tisane d'orge

Prenez: Orge............ trois pincées.
        Eau............ un litre et demi.
Faites bouillir un quart d'heure.
Préparez de même les tisanes de :
        Chiendent,
        Riz,
        Lin.

Infusion de tilleul.

Eau bouillante...... un litre.
Tilleul............. trois pincées.

Retirez du feu et laissez reposer un quart d'heure.
Préparez de même les infusions de:
        Thé,
        Mélisse (citronelle),
        Sureau,
        Camomille,
        Menthe,
        Oranger (feuilles d').

Décoction de quinquina.

Quinquina jaune... trois pincées.
Eau............. un litre.
Faites bouillir et réduisez à trois quarts.

Lavement émollient.

Graine de lin...... trois pincées.
Enveloppez dans un morceau de linge et faites crever dans :
Eau............... demi litre.

Lavement laudanisé.

Eau de lin........ un quart.
Laudanum........ six à dix gouttes.

Cataplasme laudanisé.

Versez sur un cataplasme de farine de lin ;
Laudanum....... dix à vingt gouttes.

Fumigation émolliente.

Mauves......... six pincées.
Eau........... un litre.
Faites bouillir un quart d'heure et versez chaud dans un vase où on fait asseoir le malade.

Sinapisme.

Cataplasme tiède — quantité suffisante. Saupoudrez fortement avec de la farine de moutarde.

Bouillon de veau.

Rouelle de veau... un quart de livre.
Eau........... un litre.
Faites cuire deux ou trois heures et passez après refroidissement. On ajoute quelquefois la moitié d'une laitue et une carrotte.
On prépare de même les bouillons de
    Mou de veau,
    Poulet,
    Grenouilles.

N. B. Les doses devront être réduites de moitié pour les enfants et les vieillards qui ont dépassé soixante ans.

PHARMACIE COMMUNALE [1]

ou

Médicaments pour une population de 500 à 1,000 habitants
dont le dépôt sera établi au Presbytère ou à la Mairie.

Esprit de camphre................	100 grammes.
Laudanum de Sydenham.............	100 —
Ether sulfurique	100 —
Camomille romaine................	100 —
Menthe poivrée...................	50 —
Quinquina jaune..................	500 —
Sulfate de soude, 15 paquets de...	30 —
Ipécacuanha en poudre, 20 paquets de 1 gr. 25 centigr.	
Huile de Ricin..................	2 litres.
Eau-de-vie camphrée	4 —
Moutarde pilée.................	6 kilogr.
Vésicatoires énergiques.........	16

On me pardonnera d'être entré dans des détails
vulgaires qui paraissent compliquer les soins à donner
aux malades. Si l'on veut bien se rappeler que j'ai
écrit pour des personnes étrangères à la médecine,
qui sont souvent embarrassées pour faire une simple
tisane, on verra que ces détails étaient nécessaires.
Du reste deux jours d'observation au lit du malade,

---

(1) Ces médicaments doivent être fournis par le bureau de
bienfaisance de la commune ; par les fonds communaux ou dépar-
tementaux, ou par les fonds de secours accordés par M. le Ministre
de l'Intérieur.

le livre à la main, feront justice des superfétations qu'il renferme, et mettront chacun à même de secourir les cholériques, avec autant de succès que les circonstances peuvent le permettre.

Il demeure bien entendu, que je n'ai pas la prétention d'imposer à qui que ce soit mon traitement justifié déjà par plus de cinq cents guérisons. Je le déclare hautement, je professe le plus grand respect pour les opinions personnelles de mes confrères, n'importe l'école à laquelle ils appartiennent, et je fais des vœux pour voir cesser ces rivalités d'amour propre ou de système aussi funestes à l'humanité que les épidémies.

Je le répète en terminant : la promptitude du traitement est la moitié de la guérison.

www.ingramcontent.com/pod-product-compliance
Lightning Source LLC
Chambersburg PA
CBHW060710280326
41933CB00012B/2383